अकाल में सारस

वर्ष 1989 के
साहित्य अकादमी पुरस्कार
से सम्मानित

अकाल में सारस

कविताएँ - 1983-87

केदारनाथ सिंह

राजकमल प्रकाशन

ISBN : 978-81-267-0733-1

मूल्य : ₹395

पहला संस्करण : 1988
दसवाँ संस्करण : 2024

प्रकाशक : राजकमल प्रकाशन प्रा.लि.
1-बी, नेताजी सुभाष मार्ग, दरियागंज
नई दिल्ली-110 002
शाखाएँ : अशोक राजपथ, साइंस कॉलेज के सामने, पटना-800 006
पहली मंजिल, दरबारी बिल्डिंग, महात्मा गांधी मार्ग, प्रयागराज-211 001
1, अनमोल सोराबजी संतुक लेन, धोबी तलाव, मरीन लाइंस, मुम्बई-400 002

वेबसाइट : www.rajkamalprakashan.com
ई-मेल : info@rajkamalprakashan.com

मुद्रक : बी.के. ऑफसेट
नवीन शाहदरा, दिल्ली-110 032

AKAAL MEIN SAARAS
Poems by Kedarnath Singh

यह किताब
कवि त्रिलोचन के लिए
इन पंक्तियों के साथ –

...तब से कितना समय बीता
हम अब भी चल रहे हैं
आगे-आगे कवि त्रिलोचन
पीछे-पीछे मैं
एक ऐसे बाघ की तलाश में
जो एक सुबह
धरती पर गिरकर टूट जाने से पहले
वह था

क्रम

अकाल में सारस

मातृभाषा

जैसे चींटियाँ लौटती हैं
बिलों में
कठफोड़वा लौटता है
काठ के पास
वायुयान लौटते हैं एक के बाद एक
लाल आसमान में डैने पसारे हुए
हवाई अड्डे की ओर

ओ मेरी भाषा
मैं लौटता हूँ तुम में
जब चुप रहते-रहते
अकड़ जाती है मेरी जीभ
दुखने लगती है
मेरी आत्मा

अँगूठे का निशान

किसने बनाये
वर्णमाला के अक्षर

ये काले-काले अक्षर
भूरे-भूरे अक्षर
किसने बनाये

खड़िया ने
चिड़िया के पंख ने
दीमकों ने
ब्लैकबोर्ड ने

किसने
आखिर किसने बनाये
वर्णमाला के अक्षर

'मैंने…मैंने' —
सारे हस्ताक्षरों को
अँगूठा दिखाते हुए
धीरे से बोला
एक अँगूठे का निशान

और एक सोख्ते में
गायब हो गया

एक छोटा-सा अनुरोध

आज की शाम
जो बाज़ार जा रहे हैं
उनसे मेरा अनुरोध है
एक छोटा-सा अनुरोध
क्यों न ऐसा हो कि आज शाम
हम अपने थैले और डोलचियाँ
रख दें एक तरफ़
और सीधे धान की मंजरियों तक चलें

चावल ज़रूरी हैं
ज़रूरी है आटा दाल नमक पुदीना
पर क्यों न ऐसा हो कि आज शाम
हम सीधे वहीं पहुँचें
एकदम वहीं
जहाँ चावल
दाना बनने से पहले
सुगन्ध की पीड़ा से छटपटा रहा हो

उचित यही होगा
कि हम शुरू में ही
आमने-सामने
बिना दुभाषिये के
सीधे उस सुगन्ध से
बातचीत करें

यह रक्त के लिए अच्छा है
अच्छा है भूख के लिए
नींद के लिए

कैसा रहे
बाज़ार न आये बीच में
और हम एकबार
चुपके से मिल आयें चावल से
मिल आयें नमक से
पुदीने से
कैसा रहे
एकबार…सिर्फ़ एकबार…

फलों में स्वाद की तरह

जैसे आकाश में तारे
जल में जलकुम्भी
हवा में आक्सीजन

पृथ्वी पर उसी तरह
मैं
तुम
हवा
मृत्यु
सरसों के फूल

जैसे दियासलाई में काठी
घर में दरवाज़े
पीठ में फोड़ा
फलों में स्वाद

उसी तरह···
उसी तरह···

सूर्यास्त के बाद एक अँधेरी बस्ती से गुज़रते हुए

भर लो
दूध की धार की
धीमी-धीमी चोटें
दिये की लौ की पहली कँपकँपी
आत्मा में भर लो

भर लो
एक झुकी हुई बूढ़ी
निगाह के सामने
मानस की पहली चौपाई का खुलना
और अन्तिम दोहे का
सुलगना भर लो

भर लो
ताकती हुई आँखों का
अथाह सन्नाटा
सिवानों पर स्यारों के
फेंकरने की आवाज़ें
बिच्छुओं के
उठे हुए डंकों की
सारी बेचैनी
आत्मा में भर लो

और कवि जी सुनो
इससे पहले कि भूख का हाँका पड़े

और अँधेरा तुम्हें चींथ डाले
भर लो
इस पूरे ब्रह्माण्ड को
एक छोटी-सी साँस की
डिबिया में भर लो

कुछ सूत्र जो एक किसान बाप ने बेटे को दिये

मेरे बेटे
कुँए में कभी मत झाँकना
जाना
पर उस ओर कभी मत जाना
जिधर उड़े जा रहे हों
काले-काले कौए

हरा पत्ता
कभी मत तोड़ना
और अगर तोड़ना तो ऐसे
कि पेड़ को ज़रा भी
न हो पीड़ा

रात को रोटी जब भी तोड़ना
तो पहले सिर झुकाकर
गेहूँ के पौधे को याद कर लेना

अगर कभी लाल चींटियाँ
दिखाई पड़ें
तो समझना
आँधी आनेवाली है

अगर कई-कई रातों तक
कभी सुनाई न पड़े स्यारों की आवाज़
तो जान लेना

बुरे दिन आनेवाले हैं

मेरे बेटे
बिजली की तरह कभी मत गिरना
और कभी गिर भी पड़ो
तो दूब की तरह उठ पड़ने के लिए
हमेशा तैयार रहना

कभी अँधेरे में
अगर भूल जाना रास्ता
तो ध्रुवतारा पर नहीं
सिर्फ़ दूर से आनेवाली
कुत्तों के भूँकने की आवाज़ पर
भरोसा करना

मेरे बेटे
बुध को उत्तर कभी मत जाना
न इतवार को पच्छिम

और सबसे बड़ी बात मेरे बेटे
कि लिख चुकने के बाद
इन शब्दों को पोंछकर साफ़ कर देना

ताकि कल जब सूर्योदय हो
तो तुम्हारी पटिया
रोज़ की तरह
धुली हुई
स्वच्छ
चमकती रहे

अकाल में दूब

भयानक सूखा है
पक्षी छोड़कर चले गये हैं
पेड़ों को
बिलों को छोड़कर चले गये हैं चींटे
चींटियाँ
देहरी और चौखट
पता नहीं कहाँ-किधर चले गये हैं
घरों को छोड़कर

भयानक सूखा है
मवेशी खड़े हैं
एक-दूसरे का मुँह ताकते हुए

कहते हैं पिता
ऐसा अकाल कभी नहीं देखा
ऐसा अकाल कि बस्ती में
दूब तक झुलस जाय
सुना नहीं कभी
दूब मगर मरती नहीं –
कहते हैं वे
और हो जाते हैं चुप

निकलता हूँ मैं
दूब की तलाश में
खोजता हूँ परती-पराठ
झाँकता हूँ कुँओं में

छान डालता हूँ गली-चौराहे
मिलती नहीं दूब
मुझे मिलते हैं मुँहबाये घड़े
बाल्टियाँ लोटे परात
झाँकता हूँ घड़ों में
लोगों की आँखों की कटोरियों में
झाँकता हूँ मैं
मिलती नहीं
मिलती नहीं दूब

अन्त में
सारी बस्ती छानकर
लौटता हूँ निराश
लाँघता हूँ कुँए के पास की
सूखी नाली
कि अचानक मुझे दिख जाती है
शीशे के बिखरे हुए टुकड़ों के बीच
एक हरी पत्ती
दूब है
हाँ-हाँ दूब है –
पहचानता हूँ मैं

लौटकर यह खबर
देता हूँ पिता को
अँधेरे में भी
दमक उठता है उनका चेहरा
'है – अभी बहुत कुछ है
अगर बची है दूब…'
बुदबुदाते हैं वे

फिर गहरे विचार में
खो जाते हैं पिता

अकाल में सारस

तीन बजे दिन में
आ गये वे
जब वे आये
किसी ने सोचा तक नहीं था
कि ऐसे भी आ सकते हैं सारस

एक के बाद एक
वे झुंड के झुंड
धीरे-धीरे आये
धीरे-धीरे वे छा गये
सारे आसमान में
धीरे-धीरे उनके क्रेंकार से भर गया
सारा का सारा शहर

वे देर तक करते रहे
शहर की परिक्रमा
देर तक छतों और बारजों पर
उनके डैनों से झरती रही
धान की सूखी
पत्तियों की गन्ध

अचानक
एक बुढ़िया ने उन्हें देखा
ज़रूर ज़रूर
वे पानी की तलाश में आये हैं
उसने सोचा

वह रसोई में गई
और आँगन के बीचोबीच
लाकर रख दिया
एक जलभरा कटोरा

लेकिन सारस
उसी तरह करते रहे
शहर की परिक्रमा
न तो उन्होंने बुढ़िया को देखा
न जलभर कटोरे को

सारसों को तो पता तक नहीं था
कि नीचे रहते हैं लोग
जो उन्हें कहते हैं सारस

पानी को खोजते
दूर-देसावर से आये थे वे

पानी को खोजते
दूर-देसावर तक जाना था उन्हें

सो, उन्होंने गर्दन उठाई
एकबार पीछे की ओर देखा
न जाने क्या था उस निगाह में
दया कि घृणा
पर एकबार जाते-जाते
उन्होंने शहर की ओर मुड़कर
देखा ज़रूर

फिर हवा में
अपने डैने पीटते हुए
दूरियों में धीरे-धीरे
खो गये सारस

होंठ

हर सुबह
होंठों को चाहिए कोई एक नाम
यानी एक ख़ूब लाल और गाढ़ा-सा शहद
जो सिर्फ़ मनुष्य की देह से टपकता है

कई बार
देह से अलग
जीना चाहते हैं होंठ
वे थरथराना-छटपटाना चाहते हैं
देह से अलग
फिर यह जानकर
कि यह सम्भव नहीं
वे पी लेते हैं अपना सारा गुस्सा
और गुनगुनाने लगते हैं
अपनी जगह

कई बार सलाख़ों के पीछे
एक आवाज़
एक हथेली
या सिर्फ़ एक देहरी के लिए
तरसते हुए होंठ
धीरे-धीरे हो जाते हैं
पत्थर की तरह सख़्त
और पत्थर के भी होंठ होते हैं
बालू के भी

राख के भी
पृथ्वी तो यहाँ से वहाँ तक
होंठ ही होंठ है

चाहे जैसे भी हो
होंठों को हर शाम चाहिए ही चाहिए
एक जलता हुआ सच
जिसमें हज़ारों हज़ार झूठ
जगमगा रहे हों

होंठों को बहुत कुछ चाहिए
उन्हें चाहिए 'हाँ' का नमक
और 'ना' का लोहा
और कई बार दोनों
एक ही समय

पर असल में
अपना हर बयान दे चुकने के बाद
होंठों को चाहिए
सिर्फ़ दो होंठ
जलते हुए
खुलते हुए
बोलते हुए होंठ

ओ मेरी उदास पृथ्वी

घोड़े को चाहिए जई
फुलसुँघनी को फूल
टिटिहिरी को चमकता हुआ पानी
बिच्छू को विष
और मुझे ?

गाय को चाहिए बछड़ा
बछड़े को दूध
दूध को कटोरा
कटोरे को चाँद
और मुझे ?

मुखौटे को चाहिए चेहरा
चेहरे को छिपने की जगह
आँखों को आँखें
हाथों को हाथ
और मुझे ?

ओ मेरी घूमती हुई
उदास पृथ्वी
मुझे सिर्फ़ तुम···
तुम···तुम···

रास्ता

बगुले उड़े जा रहे थे
नीचे चल रहे थे हम तीन जन
तीन जन शहर से आये हुए
क्वार की तँबियाई धूप में
नहाये हुए तीन जन
चले जा रहे थे फैले कछार में
डूबते हुए दिन की पगडण्डी पकड़कर
तीन जन खुश
एक अजब विश्वास से भरे हुए तीन जन
कि हम जा रहे हैं ठीक
कि ज़रूर-ज़रूर
हम पहुँच ही जायेंगे
बगुलों की तरह अपने ठीक मुकाम पर
दिन डूबने से पहले

हम चले जा रहे थे चुप
किन्हीं बातों में खोये हुए
चले जा रहे थे हम
कि अचानक हमारे पाँव ज़रा ठिठके
कि अचानक हमने पाया —
रास्ता ख़त्म !

अब हमारे सामने
पके हुए ज्वार के
दूर तक फैले सिर्फ़ खेत ही खेत थे
और रास्ता नहीं था

क्या हुआ
किधर गया रास्ता ?
हम तीन जन सोचते रहे
खड़े
परेशान
कि हमें दूर दिखाई पड़ा
डूबते हुए सूरज के आसपास
एक बूढ़ा किसान
हम उसके पास गये
पूछा – 'दादा, रास्ता किधर है ?'

बूढ़ा कुछ नहीं बोला
वह देर तक हमें यों ही देखता रहा
फिर उसने नीचे से
एक ढेला उठाया
और उस तरफ़ फेंका
जिधर झुकी हुई चर रही थी
एक काली-सी गाय

अब गाय चलने लगी
पत्ते बजने लगे
और हमने देखा
जिधर ज्वार की लटकी हुई थैलियों को चीरती
चली जा रही थी गाय
उधर रास्ता था
उधर घास में
धँसे हुए खुर की तरह
चमक रहा था रास्ता

अब दृश्य बिल्कुल साफ़ था
अब हमारे सामने
गाय थी
किसान था

रास्ता था
सिर्फ़ हमीं भूल गये थे
जाना किधर है !

बगुले
हमसे दूर
बहुत दूर निकल गये थे

सड़क पर दिख गये कवि त्रिलोचन

सवेरे-सवेरे
एक बच्चा रो रहा था
उसके हाथ से गिरकर
अचानक टूट गया था
उसका मिट्टी का बाघ
एक छोटा-सा सुन्दर बाघ
जो तारों से लड़ चुका था
लड़ चुका था चाँद और सूरज
और समुद्री डाकुओं से
ठीक उसकी आँखों के आगे
उसके हाथ से गिरा
और खन्न से टूट गया

और अब वह रो रहा था
क्योंकि अब वह हैरान था
कि दुनिया की सबसे ताकतवर चीज़
कितनी आसानी से गिरी
और टूट गई

सुनहली धूप में
उसकी आँसूभरी आँखें
अब भी टिकी थीं
अपने गिरे हुए बाघ पर
कि अचानक उसे लगा
कि बाघ ज़रा हिला

अपने टुकड़ों के भीतर से
तलमलाता हुआ उठा
और देखते-देखते
छलाँग लगा खिड़की से
चला गया बाहर
और अब वह रो रहा था

क्या किया जाय
मैं सोच ही रहा था
कि मुझे सड़क पर दिख गये
कवि त्रिलोचन

मैंने कहा – 'शास्त्रीजी
बच्चा रो रहा है
कुछ तो करना होगा'

बोले – 'चलो, ले आते हैं
दूसरा बाघ'
मैंने कहा – 'नहीं, वह ज़िद पर अड़ा है
उसे चाहिए वही
और सिर्फ़ वही बाघ
जोकि टूटने से पहले वह था'

वे हिले
फिर उनकी आँखों में आ गई
एक अद्‌भुत चमक
बोले – 'चलो, वही लाते हैं'

मैंने पूछा – 'वही !
वही कहाँ मिलेगा ?'

'मिलेगा' – उन्होंने कहा –
'कहीं न कहीं
किसी कुम्हार की आँखों में

वह होगा ज़रूर
जस का तस'

मैंने शक नहीं किया
हो लिया उनके साथ-साथ

तब से कितना समय बीता
हम अब भी चल रहे हैं
आगे-आगे कवि त्रिलोचन
पीछे-पीछे मैं
एक ऐसे बाघ की तलाश में
जो एक सुबह
धरती पर गिरकर टूट जाने से पहले
वह था

आँकुसपुर

आँकुसपुर
रुकी नहीं ट्रेन
हमेशा की तरह धड़धड़ाती हुई आई
और चली गई छोड़कर आँकुसपुर

सिर्फ़ दसबजिया यहाँ रुकती है
कहा एक यात्री ने
दूसरे यात्री से ।

क्यों ?
आखिर क्यों ?
फिर पृथ्वी पर क्यों है आँकुसपुर –
जब रहा नहीं गया
तो तार पर बैठी एक चिड़िया ने पूछा
दूसरी चिड़िया से

भर जायेगा बहुत कुछ

लगता है
अबकी बौर नहीं आयेंगे

समय से पहले ही
ताँबे के रंगवाले पत्तों से लद गया है
पूरा का पूरा
वह आम का पेड़

यह बौर के न आने के संकेत हैं

मैं उधर देखता हूँ
और हो जाता हूँ बेचैन
हालाँकि जानता हूँ
बौर अगर आ भी गये
तो बदलेगा कुछ नहीं

मेरा शहर
उसी तरह घिसटता रहेगा
एक भागती हुई बस के पीछे-पीछे

मेरी सड़क के किनारे
उसी तरह फुँकते रहेंगे
टूटी-फूटी ईंटों को जोड़कर
बनाये गये चूल्हे
बौर अगर आ भी गये

लेकिन तब
शायद भर जायेगा बहुत कुछ
तसले नहीं भरेंगे
कटोरे नहीं भरेंगे
लेकिन फिर भी
भर जायेगा
भर जायेगा बहुत कुछ
बौर अगर आ ही गये···

एक लम्बे अन्तराल के बाद गंगा को देखकर

मैंने गंगा को देखा
एक लम्बे सफ़र के बाद
जब मेरी आँखें
कुछ भी देखने को तरस रही थीं
जब मेरे पास कोई काम नहीं था
मैंने गंगा को देखा
प्रचण्ड लू के थपेड़ों के बाद
जब एक शाम
मुझे साहस और ताज़गी की
बेहद ज़रूरत थी
मैंने गंगा को देखा एक रोहू मछली की
डब-डब आँख में
जहाँ जीने की अपार तरलता थी
जहाँ एक बूढ़ा मल्लाह रेती पर खड़ा था
घर जाने को तैयार
मैंने गंगा को देखा

और मैंने देखा
बूढ़ा खुश था
वर्ष के उन सबसे उदास दिनों में भी
मैं हैरान रह गया यह देखकर
कि गंगा के जल में कितनी लम्बी
और शानदार लगती है
एक बूढ़े आदमी के खुश होने की परछाईं

अब बूढ़ा ज़रा हिला
उसने अपना जाल उठाया
कन्धे पर रखा
चलने से पहले एक बार फिर
गंगा की ओर देखा
और मुस्कुराया
यह एक थके हुए बूढ़े मल्लाह की मुस्कान थी
जिसमें कोई पछतावा नहीं था
अगर थी तो एक सच्ची
और गहरी कृतज्ञता
बहते हुए चंचल जल के प्रति
मानो उसकी आँखें कहती हों –
'अब हो गई शाम
अच्छा भाई पानी
राम ! राम !'

बालू का स्पर्श

बरसों बाद
आज गंगा में नहाया
देर तक

खूब डूबा-उतराया
एक पक्षी की तरह
घूँट-घूँट जल पिया
आत्मा ने देर तक
गहरे अथाह जल से बातें की
देह को अच्छा लगा जल
खूब-खूब अच्छा लगा
ठण्डा-ठण्डा जल
पवित्र जल
जो मछली की गन्ध से धुलकर
और भी ज़्यादा पवित्र हो गया था

जल से निकलकर
बैठा रहा रेती पर
गीली देह को
बालू के गरम-गरम
गमछे से पोंछा
अच्छा लगा बालू
बालू का स्पर्श
बहुत-बहुत अच्छा लगा

सोचता रहा देर तक
आखिर छोटे-छोटे कणों की लहक
और छटपटाहट के अलावा
क्या है
क्या है बालू में
जो आदमी को कर दे
इतना विभोर!

पर्वस्नान

रेत पर
एक लाश रखी थी
एक पके खरबूज की खुशबू
फैली थी रेत पर

दिन सुन्दर था
लेकिन उससे भी सुन्दर था
गंगा का दूर तक फैला कछार
जहाँ जल और बालू का
एक मिला-जुला संगीत
हवा में बज रहा था

दौरी-दुकानें लगी थीं
और ऋतु का पहला नहान
चल रहा था
एक लाल क्रौंच
चोंच से खुजला रहा था
अपनी भूरी गर्दन
एक काली स्त्री
अर्घ देने के बाद अपने बाल सुखा रही थी
कोई एक दाढ़ीवाला
लगातार पढ़े जा रहा था जल के मन्त्र
एक अन्धे की चादर पर
लोग फेंके जा रहे थे
तिल गुड़ और लावा

ऊपर कौए मडरा रहे थे
और नीचे –
काँपते हुए जल में
अमरता की छपाछप होड़ मची थी

लाश टुकुर-टुकुर देख रही थी
जीवन का
एक अद्‌भुत उत्सव
मनाया जा रहा था
रेत पर

अड़ियल साँस

पृथ्वी बुखार में जल रही थी
और इस महान पृथ्वी के
एक छोटे-से सिरे पर
एक छोटी-सी कोठरी में
लेटी थी वह
और उसकी साँस
अब भी चल रही थी

और साँस जब तक चलती है
झूठ
सच
पृथ्वी
तारे – सब चलते रहते हैं

डाक्टर वापस जा चुका था
और हालाँकि वह वापस जा चुका था
पर अभी सबको उम्मीद थी
कि कहीं कुछ है
जो बचा रह गया है नष्ट होने से
जो बचा रह जाता है
लोग उसी को कहते हैं जीवन
कई बार उसी को
काई
घास
या पत्थर भी कह देते हैं लोग
लोग जो भी कहते हैं

उसमें कुछ न कुछ जीवन
हमेशा होता है

तो यह वही चीज थी
यानी कि जीवन
जिसे तड़पता हुआ छोड़कर
चला गया था डाक्टर
और वह अब भी थी
और साँस ले रही थी उसी तरह

उसकी हर साँस
हथौड़े की तरह गिर रही थी
सारे सन्नाटे पर
ठक् ठक् बज रहा था सन्नाटा
जिससे हिल उठता था दिया
जो रखा था उसके सिरहाने

किसी ने उसकी देह छुई
कहा – 'अभी गर्म है'
लेकिन असल में देह याकि दिया
कहाँ से आ रही थी जीने की आँच
यह जाँचने का कोई उपाय नहीं था
क्योंकि डाक्टर जा चुका था
और अब खाली चारपाई पर
सिर्फ़ एक लम्बी
और अकेली साँस थी
जो उठ रही थी
गिर रही थी
गिर रही थी
उठ रही थी...

इस तरह अड़ियल साँस को
मैंने पहली बार देखा

मृत्यु से खेलते
और पंजा लड़ाते हुए
तुच्छ
असह्य
गरिमामय साँस को
मैंने पहली बार देखा
इतने पास से

न होने की गन्ध

अब कुछ नहीं था
सिर्फ़ हम लौट रहे थे
इतने सारे लोग सिर झुकाये हुए
चुपचाप लौट रहे थे
उसे नदी को सौंपकर
और नदी अँधेरे में भी
लग रही थी पहले से ज्यादा उदार और अपरम्पार
उसके लिए बहना उतना ही सरल था
उतना ही साँवला और परेशान था उसका पानी

और अब हम लौट रहे थे
क्योंकि अब हम खाली थे
सबसे अधिक खाली थे हमारे कन्धे
क्योंकि अब हमने नदी का
कर्ज़ उतार दिया था
न जाने किसके हाथ में एक लालटेन थी
धुँधली-सी
जो चल रही थी आगे-आगे
यों हमें दिख गई बस्ती
यों हम दाखिल हुए फिर से बस्ती में

हमारे आने पर भूँका नहीं
एक भी कुत्ता
क्योंकि कुत्तों को सब मालूम था

उस घर के किवाड़
अब भी खुले थे
कुछ नहीं था सिर्फ़ रस्म के मुताबिक
चौखट के पास धीमे-धीमे जल रही थी
थोड़ी-सी आग
और उससे कुछ हटकर
रखा था लोहा
हम बारी-बारी
आग के पास गये और लोहे के पास गये
हमने बारी-बारी झुककर
दोनों को छुआ

यों हम हो गये 'शुद्ध'
यों हम लौट आये
जीवितों की लम्बी उदास बिरादरी में

कुछ नहीं था
सिर्फ़ कच्ची दीवारों
और भीगी खपरैलों से
किसी एक के न होने की
गंध आ रही थी

लोककथा

जब राजा मरा
सोने की एक बहुत बड़ी अर्थी बनायी गयी
जिस पर रखा गया उसका शव
शानदार शव जिसे देखकर
कोई कह नहीं सकता
कि वह राजा नहीं है

सबसे पहले मन्त्री आया
और शव के सामने
झुककर खड़ा हो गया
फिर पुरोहित आया
और न जाने क्या
कुछ देर तक होंठों में बुदबुदाता रहा
फिर हाथी आया
और उसने सूँड़ उठाकर
शव के प्रति सम्मान प्रकट किया
फिर घोड़े आये नीले-पीले
जो माहौल की गम्भीरता को देखकर
तय नहीं कर पाये
कि उन्हें हिनहिनाना चाहिए या नहीं

फिर धीरे-धीरे
बढ़ई
धोबी
नाई
कुम्हार – सब आये

और सब खड़े हो गये
विशाल चमचमाती हुई अर्थी को घेरकर

अर्थी के आसपास
एक अजब-सा दुख था
जिसमें सब दुखी थे
मन्त्री दुखी था
क्योंकि हाथी दुखी था
हाथी दुखी था
क्योंकि घोड़े दुखी थे
घोड़े दुखी थे
क्योंकि घास दुखी थी
घास दुखी थी
क्योंकि बढ़ई दुखी था...

घुलते हुए गलते हुए

देखता हूँ बूँदें
टप् टप् गिरती हुई
भैंस की पीठ पर
भैंस मगर पानी में खड़ी सन्तुष्ट।
उसके थन दूध से भारी।
पृथ्वी का गुरुत्वाकर्षण
पूरी ताकत से
थनों को खींचता हुआ अपनी ओर।
बूढ़े दालान में बैठे
हुक्का पीते — बारिश देखते हुए।
हुक्के के धुएँ को
बाहर निकलते
और बारिश से हाथ मिलाते हुए
देखता हूँ।

सहसा बौछारों की ओट में
दिख जाती है एक स्त्री
उपले बटोरती हुई।
बूँदों की मार से
जल्दी-जल्दी उपलों को बचाने की कोशिश में
भींगती है वह
बचाती है उपले।
कहीं से आती है
उपलों से छनती हुई
फूल की खुशबू।

उपलों की गन्ध मगर फूल की गन्ध से
अधिक भारी
अधिक उदार

स्त्री को
बौछारों में
धीरे-धीरे घुलते हुए
गलते हुए देखता हूँ।

एक कविता — निराला को याद करते हुए

उठता हाहाकार जिधर है
उसी तरफ़ अपना भी घर है

खुश हूँ — आती है रह-रहकर
जीने की सुगन्ध बह-बहकर

उसी ओर कुछ झुका-झुका-सा
सोच रहा हूँ रुका-रुका-सा

गोली दगे न हाथापाई
अपनी है यह अजब लड़ाई

रोज़ उसी दर्ज़ी के घर तक
एक प्रश्नसे सौ उत्तर तक

रोज़ कहीं टाँके पड़ते हैं
रोज़ उधड़ जाती है सीवन

'दुखता रहता है अब जीवन'

नये शहर में बरगद

जैसे मुझे जानता हो बरसों से
देखो, उस दढ़ियल बरगद को देखो
मुझे देखा
तो कैसा लपका चला आ रहा है
मेरी तरफ़

पर अफ़सोस
कि चाय के लिए
मैं उसे घर नहीं ले जा सकता

पूँजी

सारा शहर छान डालने के बाद
मैं इस नतीजे पर पहुँचा
कि इस इतने बड़े शहर में
मेरी सबसे बड़ी पूँजी है
मेरी चलती हुई साँस
मेरी छाती में बन्द मेरी छोटी-सी पूँजी
जिसे रोज़ मैं थोड़ा-थोड़ा
ख़र्च कर देता हूँ

क्यों न ऐसा हो
कि एक दिन उठूँ
और वह जो भूरा-भूरा-सा एक जनबैंक है –
इस शहर के आखिरी छोर पर –
वहाँ जमा कर आऊँ

सोचता हूँ
वहाँ से जो मिलेगा ब्याज
उस पर जी लूँगा ठाट से
कई-कई जीवन

रक्त में खिला हुआ कमल

मेरी हड्डियाँ
मेरी देह में छिपी बिजलियाँ हैं
मेरी देह
मेरे रक्त में खिला हुआ कमल

क्या आप विश्वास करेंगे
यह एक दिन अचानक
मुझे पता चला
जब मैं तुलसीदास को पढ़ रहा था

फिर बजी घण्टी

फिर बजी घण्टी
शायद फिर कोई आया है
'कौन' – पूछता हूँ मैं
'कोई नहीं' – कहती है घण्टी

पर घण्टी का क्या
वह तो बजती ही रहती है
समय–बेसमय

कोई आता है
तो चीख़ पड़ती है
जाता है तो हो जाती है ऐसी निढाल
कि देर–देर तक
बोलती ही नहीं

पर कई बार
जब कोई नहीं आता
कई-कई घण्टों तक
तो घर में मानो भर जाती है
लोहे की एक अजब-सी
दबी-दबी सिसकी

(आखिर दुख तो
लोहे को भी होता है!)

अभी पिछली बार

वह अदबदाकर बज उठी
डेढ़ बजे रात में
मैं उठा
भागता हुआ दरवाज़े तक गया
देखा – कोई नहीं !

मुझे आ गया गुस्सा
मैं देर तक
ऐसी-तैसी करता रहा घण्टी की

फिर सोचा, यार छोड़ो भी
घण्टी ही तो है
जड़ लोहे की,
लटका दो सूली पर
तो वहाँ भी
वह बजेगी ही बजेगी

अब कहूँ भी
तो कौन यहाँ मानेगा
कि छोटी-सी घण्टी
एक छोटा-सा पुल है
घर और दुनिया के बीच

कौन करेगा विश्वास
कि हमारे समय की सबसे बड़ी खबर
चुपचाप बन्द है
एक छोटी-सी बजती हुई
घण्टी के दिल में

वह

इतने दिनों बाद
वह इस समय ठीक
मेरे सामने है

न कुछ कहना
न सुनना
न पाना
न खोना
सिर्फ़ आँखों के आगे
एक परिचित चेहरे का होना
होना –
इतना ही काफी है

बस इतने से
हल हो जाते हैं
बहुत-से सवाल
बहुत-से शब्दों में
बस इसी से भर आया है लबालब अर्थ
कि वह है

वह है
है
और चकित हूँ मैं
कि इतने बरस बाद
और इस कठिन समय में भी

वह बिल्कुल उसी तरह
हँस रही है

और बस
इतना ही काफी है

एक दिन हँसी-हँसी में

एक दिन
हँसी-हँसी में
उसने पृथ्वी पर खींच दी
एक गोल-सी लकीर
और कहा – 'यह तुम्हारा घर है'
मैंने कहा –
'ठीक, अब मैं यहीं रहूँगा'

वर्षा
शीत
और घाम से बचकर
कुछ दिन मैं रहा
उसी घर में

इस बात को बहुत दिन हुए

लेकिन तब से वह घर
मेरे साथ-साथ है
मैंने आनेवाली ठण्ड के विरुद्ध
उसे एक हल्के रंगीन स्वेटर की तरह
पहन रखा है

आना

आना
जब समय मिले
जब समय न मिले
तब भी आना

आना
जैसे हाथों में
आता है जाँगर
जैसे धमनियों में
आता है रक्त
जैसे चूल्हों में
धीरे-धीरे आती है आँच
आना

आना जैसे बारिश के बाद
बबूल में आ जाते हैं
नये-नये काँटे

दिनों को
चीरते-फाड़ते
और वादों की धज्जियाँ उड़ाते हुए
आना

आना जैसे मंगल के बाद
चला आता है बुध
आना

दूसरे शहर में

यही हुआ था पिछली बार
यही होगा अगली बार भी
हम फिर मिलेंगे
किसी दूसरे शहर में
और ताकते रह जायेंगे
एक-दूसरे का मुँह

रसोईघर में चाकू

उसे देखकर
मुझे दया आती है

इस समय
ढेर सारी सब्जी काट चुकने के बाद
वह नंगी फर्श पर
चुपचाप पड़ा है
जैसे खटने के बाद
बबूल की छाँह में
सुस्ताता है मजूर

मैं हाथ बढ़ाता हूँ
उसे धीरे-से छूता हूँ
और अचानक वह लगने लगता है
चिड़िया के पर की तरह कोमल
और निरीह

मेरे अन्दर फिर से
घुमड़ने लगती है दया

मेरे हाथ बार-बार
खिंचता है उसकी ओर
मेरा मन बार-बार
भागता है दया से

उसकी सुन्दर चमकती हुई धार
मुझे छूती है
और बचाती है
लेकिन दया
मुझे हर बार चीर देती है

जन्मदिन की धूप में

कहीं पूरब में है
एक उदात्त गरिमामय ब्लडबैंक
जहाँ से हर सुबह
मैं बिना हस्ताक्षर के
निकाल लेता हूँ धूप को
यों वह हर रोज़ मेरे खाते से निकलकर
चली आती है मेरी ज़िन्दगी में
मुझे बहुत-से दुख हैं
हज़ार-हज़ार चेहरोंवाले
हज़ार-हज़ार दुख
जिनसे धूप का कोई रिश्ता नहीं
पर अपने दुखों के बीच
मैं एक बादशाह की तरह रहता हूँ उसी के चलते
उसी के चलते पचास बरस हुए
मेरे हाथ आज भी कुछ छूने-छूने को
व्यग्र हैं
मेरे पाँव आज भी
कहीं जाने-जाने को बेचैन
हालाँकि सच कहूँ तो पचास बरस हुए
मैं आज भी पृथ्वी पर
चलना सीख रहा हूँ

मेरा जीवन
एक दोना है
सींक से बुना हुआ पत्तों का दोना

जिसमें मेरे जन्म के दिन से ही
टप् टप् टपक रही है धूप
मैं उसे पीता हूँ
और जितना ही पीता हूँ
उतना ही बूँद-बूँद भरता जाता है मेरा दोना

दोना ही तो है
कोई एक दिन उठाकर
फेंक देगा बाहर
पर उसी को लेकर अपने दोनों हाथों में
मैं सूर्य से भी ज़्यादा सम्पन्न हूँ
इस पृथ्वी पर

जो जीवन का है
उसे हर शाम
मैं रख लेता हूँ जीवन में
जो सूर्य का है
उसे हर सुबह
लौटा देता हूँ सूर्य को

यों सब एक है
पाना भी
खोना भी
मेरी सारी कोशिश
बस इतनी-सी है
कि बची रहे धूप
और बचा रहे दोना भी

ज़िद

इन कठिन दिनों में भी
मेरे अन्दर पल रही है
एक अजब-सी ज़िद
कि मैं अभी उठूँगा
कुछ देर तेज़-तेज़ कदमों से चलूँगा
इस शहर को पार करूँगा
और ठीक वहीं
जहाँ मैं इस शहर को पार करूँगा
मुझे वे दिख जायेंगे
कँटीली झाड़ियों पर लाल-लाल फूल

वे क्योंकर वहाँ होंगे
मैं नहीं जानता
होंगे तो क्यों होंगे लाल ही
कहना कठिन है
पर ज़िद है तो फिर है
कि वे होंगे
और होंगे तो लाल ही होंगे

चलो, मान लिया लाल
फिर ?
मान लो वे सुबह को लाल हों
और दोपहर ढलते-ढलते
हो जायँ पीले
फिर ?

मान लो तुम्हें पता चले
वे लाल हैं न पीले
सिर्फ़ एक काली-सी चीख
उठ रही है टहनी से
फिर ?

फिर मैं कुछ नहीं कह सकता
रंगों के बारे में वैसे भी
दावे के साथ कुछ नहीं कहा जा सकता
वे हमेशा किसी गहरी पीड़ा से पैदा होते हैं
और बदल जाते हैं
मिट्टी और धूप की खुशबू में

पर अब ज़िद है
मुझे जाना तो होगा ही
और फूल चाहे जिस रंग के भी हों
मेरा खयाल है मेरे जाते-जाते
हो ही जायेंगे
लाल-भभूक !

धीरे धीरे हम

धीरे धीरे पत्ती
धीरे धीरे फूल
धीरे धीरे ईश्वर
धीरे धीरे धूल

धीरे धीरे लोग
धीरे धीरे बाग
धीरे धीरे भूसी
धीरे धीरे आग

धीरे धीरे मैं
धीरे धीरे तुम
धीरे धीरे वे
धीरे धीरे हम

धब्बा

सुबह से पड़ा था
सड़क के बीचोबीच
लाल दमकता हुआ खून का धब्बा
अब वह सूखकर
लाल से भूरा
और भूरे से धीरे धीरे काला होता जा रहा था

जो भी उधर जाता था
देखता था धब्बे को
फिर आँख बचा दाँये या बाँये से
निकल जाता था आगे

इसी तरह दिनभर
हाथ उठाये हुए
सड़क पर पड़ा रहा खून का धब्बा

जब कोई नहीं आया
तो दिनभर की तपिश के बाद
घुमड़कर आ गई झमाझम बारिश
बारिश धब्बे के पास गई
उसने धीरे-से धब्बे को छुआ
उठाया
गले से लगाया
फिर उस उतनी-सी जगह को
जहाँ पड़ा था धब्बा

अपने गीले हाथों से
रगड़-रगड़ धोया

इस तरह क़िस्सा ख़त्म हुआ
खून के धब्बे का

अब बारिश खुश
कि उसने धो डाला धब्बे को
धब्बा खुश कि जैसे वह कभी सड़क पर
था ही नहीं !

कूड़ा

जबकि सड़कों पर
एक आहट थी
और हवा में
मौसम के बदलने की
हल्की-सी गरमाहट
वह व्यग्र
और उदग्र
क्रोध से थर-थर काँपता हुआ
फ़र्श पर खड़ा था
और कमरे की चीजों पर
मेघों की तरह
बरस रहा था

सबसे पहले
उसने तोड़ डाले शीशे
फिर शीशे के टुकड़ों में
अपने बिखरे हुए चेहरों को
कर दिया चूर-चूर

उसने फूलदान उठाया
और पटक दिया नीचे
कैलेंडर की तारीख़ों को
चीर-फाड़ डाला
कुर्सियों को उठा-उठा
फेंकने लगा बाहर

मुझे लगा
अब वह मानेगा नहीं
जहाँ तक पहुँचेगा उसका हाथ
वह दुनिया की
एक-एक कीमती
और चमकती हुई चीज को
तोड़ता चला जायेगा

मैं सोचने लगा
आखिर क्या बात है
क्या वह डर गया है
या दुनिया में ही
इतना अधिक कूड़ा
भर गया है !

एक और अकाल

सभाकक्ष में
जगह नहीं थी
तो मैंने कहा कोई बात नहीं
सड़क तो है
चल तो सकता हूँ

सो, मैंने चलना शुरू किया
चलते-चलते एक दिन
अचानक मैंने पाया
मेरे पैरों के नीचे
अब नहीं है सड़क

तो मैंने कहा चलो ठीक है
न सही सड़क
मेरे शहर में एक गाती-गुनगुनाती हुई
नदी तो है

फिर एक दिन
बहुत दिनों बाद
मैंने सुबह-सुबह
जब खिड़की खोली
तो देखा –
तट उसी तरह पड़े हैं
और नदी गायब !

यह मेरे लिए

अनभ्र बज्रपात था

पर मैंने खुद को समझाया —
यार, दुखी क्यों होते हो
इतने कट गये
बाक़ी भी कट ही जायेंगे दिन
क्योंकि शहर में लोग तो हैं

फिर एक दिन
जब किसी तरह नहीं कटा दिन
तो मैं निकल पड़ा
लोगों की तलाश में

मैं एक-एक से मिला
मैंने एक-एक से बात की
मुझे आश्चर्य हुआ
लोगों को तो लोग
जानते तक नहीं थे !

जूते

सभा उठ गई
रह गये जूते
सूने हाल में दो चकित उदास
धूल भरे जूते
मुँहबाये जूते जिनका वारिस
कोई नहीं था

चौकीदार आया
उसने देखा जूतों को
फिर वह देर तक खड़ा रहा
मुँहबाये जूतों के सामने
सोचता रहा –
कितना अजीब है
कि वक्ता चले गये
और सारी बहस के अंत में
रह गये जूते

उस सूने हाल में
जहाँ कहने को अब कुछ नहीं था
कितना कुछ कितना कुछ
कह गये जूते

छोटे शहर की एक दोपहर

हज़ारों घर, हज़ारों चेहरों-भरा सुनसान –
बोलता है, बोलती है जिस तरह चट्टान

सलाखों से छन रही है दोपहर की धूप
धूप में रक्खा हुआ है एक काला सूप

तमतमाये हुए चेहरे, खुले खाली हाथ
देख लो वे जा रहे हैं उठे जर्जर माथ

शब्द सारे धूल हैं, व्याकरण सारे ढोंग
किस क़दर खामोश हैं चलते हुए वे लोग

पियाली टूटी पड़ी है, गिर पड़ी है चाय
साइकिल की छाँह में सिमटी खड़ी है गाय

पूछता है एक चेहरा दूसरे से मौन
बचा हो साबूत – ऐसा कहाँ है वह – कौन ?

सिर्फ़ कौआ एक मडराता हुआ-सा व्यर्थ
समूचे माहौल को कुछ दे रहा है अर्थ

बोझे

फसल कट चुकी
बोझे बाँधे जा रहे हैं

एक ज़िद्दी चील
हवा में मडरा रही है
हवा में तैर रही हैं बहुत-सी
उदास आँखें
और अब भला मैं यह कैसे बताऊँ
कि जब बोझे बाँधे जा रहे हैं
तीन-चार मेमने
अपनी सारी सुन्दरता के साथ
चरने में व्यस्त हैं

कुछ हाथ हैं
जो झूल रहे हैं बगल में
कुछ हाथ हैं जो ताबड़तोड़
बाँध रहे हैं बोझे
जैसे बोझे चुराये गये हों
सूरज की टाल से

मेमने चर रहे हैं
और वे बाँध रहे हैं बोझे
पर मैं
मैं यहाँ क्यों हूँ!
क्यों मैं देख रहा हूँ

एक हल्की-सी पीड़ा
और एक धुँधली-सी उम्मीद के साथ
बार-बार बोझों का
खुलना और बँधना

और लो
अब बँध चुके बोझे
बँध चुका बहुत कुछ
जो गन्ध और हँसी की तरह
फैला हुआ था

कुछ लोग अब जा रहे हैं
अपने बोझे उठाकर
कुछ और भी हैं
जो अब भी खड़े हैं
अपने बोझे के इन्तज़ार में

मैं उन्हें देखता हूँ
और हो जाता हूँ परेशान
क्योंकि बोझे अब धीरे-धीरे
कम होते जा रहे हैं

सोचता हूँ
जब सारे बोझे उठ जायेंगे
जब किसी के पास
ढोने के लिए नहीं कुछ होगा
सिवा अपने सिर के
तो कितनी खाली-खाली
लगेगी दुनिया
कितने सूने-सूने
दिखेंगे सिर

दाने

नहीं
हम मण्डी नहीं जायेंगे
खलिहान से उठते हुए
कहते हैं दाने

जायेंगे तो फिर लौटकर नहीं आयेंगे
जाते-जाते
कहते जाते हैं दाने

अगर आये भी
तो तुम हमें पहचान नहीं पाओगे
अपनी अन्तिम चिट्ठी में
लिख भेजते हैं दाने

इसके बाद महीनों तक
बस्ती में
कोई चिट्ठी नहीं आती

पशुमेला

कातिक शाम –
ट्रक चले जा रहे हैं
ट्रकों में लदे हैं बैल
बिकने को जा रहे हैं
ददरी मेले में

दूर पंजाब से आ रहे हैं
लम्बे-गठे हुए
पुट्ठेदार बैल
बिकेंगे मेले में घोड़ों के मोल

कितना अदभुत है
कि बैलों को
मेले की शाम ने
सुन्दर चमचमाते हुए घोड़ों में बदल दिया है

धूल में डूबा हुआ
भागा जा रहा है ट्रक
ट्रक को जल्दी है
मेले में पहुँचने की
ट्रक पर खड़े हैं बैल
थके हुए
ऊबे हुए
चुपचाप ताकते हुए

दूर पंजाब से आ रहे हैं

सिर्फ़ कभी-कभी
ट्रक के हिलने से
बज उठती है बैलों के
गले की घण्टी
फिर एक बैल
चौंककर
देखता है दूसरे को
मानो पूछता हो –
'भैया, मेला अभी कितनी दूर है !'

पाँच पिल्ले

कुतिया ने जने पाँच पिल्ले
पाँचों स्वस्थ-सुन्दर
नरम
झबरे
गदबदे पिल्ले

अब सूरज की ओर मुँह किये
पाँचों खड़े हैं
कूँ-कूँ करते
चकित – हैरान
मानो पूछ रहे हों
कि लो, हम आ तो गये
अब क्या करें
इस दुनिया का ?

एक दिन भक् से

एक दिन भक् से
मूँगा मोती
हल्दी प्याज
कबीर निराला
स्वर्ग नरक
झींगुर कुहासा
सभी के आशय स्पष्ट हो जायेंगे

जैसे धूप
खपरैलों पर
जाते-जाते यकायक
स्पष्ट हो जाती है

नदी

अगर धीरे चलो
वह तुम्हें छू लेगी
दौड़ो तो छूट जायेगी नदी
अगर ले लो साथ
तो बीहड़ रास्तों में भी
वह चलती चली जायेगी
तुम्हारी उँगली पकड़कर
अगर छोड़ दो
तो वहीं अँधेरे में
करोड़ों तारों की आँख बचाकर
वह चुपके से रच लेगी
एक समूची दुनिया
एक छोटे-से
घोंघे में

सचाई यह है
कि तुम कहीं भी रहो
तुम्हें वर्ष के सबसे कठिन दिनों में भी
प्यार करती है एक नदी
नदी जो इस समय नहीं है हमारे आसपास
पर होगी ज़रूर कहीं-न-कहीं
किसी चटाई
या फूलदान के नीचे
चुपचाप बहती हुई

कभी सुनना
जब सारा शहर सो जाय
तो किवाड़ों पर कान लगा
धीरे-धीरे सुनना
कहीं आसपास
एक मादा-घड़ियाल की कराह की तरह
सुनाई देगी नदी ।

एक कालजयी कृति-सी

उसे चलने में
अब कष्ट होता है
चलती है तो सूज-सूज जाती हैं

उसकी दोनों पिण्डलियाँ
हाय, मैं क्या करूँ क्या करूँ

कि वह नन्हीं-सी बुढ़िया
एक कालजयी कृति-सी
वहीं
उसी खम्भे से पीठ टिकाये हुए
उसी तरह बैठी रहे
अनन्त काल तक

टहलते हुए बूढ़े

पाँच-छह बूढ़े
खाली सड़क पर चले जा रहे थे
यह हवा थी शाम की
नम और ठण्डी
जो हाथ पकड़कर लिये जा रही थी उन्हें
और पाँच-छह बूढ़े चले जा रहे थे
चुप और गम्भीर

सिर्फ़ कभी-कभी
उनमें से कोई एक
धीरे-से कुछ कहता था
जैसे पत्ता खड़क गया हो

फिर सब रुक जाते थे
और फिर सब चलने लगते थे
अलग़-अलग
साथ-साथ
साथ-साथ
अलग-अलग

अचानक चलते-चलते
उनमें से कोई एक
ज़रा-सा ठिठका
उसने दूर किसी पेड़ की फुनगी पर
कुछ लाल-लाल-सा

उड़ता हुआ देखा
उसने यह महत्त्वपूर्ण बात
दूसरों से कही
फिर सारे बूढ़े रुक गये
और फिर सब एकटक देखने लगे
उसी हिलती हुई
फुनगी की ओर

कुछ देर वे उसी तरह खड़े रहे
उसी तरफ़ मुँह किये
चकित
अवाक्

फिर अचानक जैसे करण्ट मार जाय
वे चलने लगे
तेज़-तेज़
जल्दी-जल्दी
जल्दी-जल्दी
तेज़-तेज़…

दुख-1

दुख !
वह तो है
वह तो है ही
पिछली रात वही
ठाँय-ठाँय
बजता रहा मेरे सीने में
अगली सुबह उसी को
एक आदमी के
भव्य ललाट पर
चमकते हुए देखा
वह तो है
वह तो है ही

शिकायत क्या करूँ ?

दुख-2

दुख का कोई पहाड़ नहीं होता
कोई समुद्र नहीं होता दुख का
सिर्फ़ हाथ होते हैं
छोटे-छोटे
जो दिनभर रस्सी की तरह
बुनते रहते हैं दुख को

इस तरह छोटे-छोटे दुखों की
एक महान चारपाई
न जाने कब से बुनी जा रही है
मेरे शहर में
और तुम्हारे शहर में

जब शाम होती है
तो बुनते-बुनते थक जाते हैं हाथ
और फिर सो जाते हैं
उसी अछोर-अनन्त चारपाई पर
जो आज तक
बुनी नहीं गई

रात में सिलाई

सिलो
हाँ, सिलो
कहती है लालटेन
झुका हुआ धीरे-धीरे
सिलता है आदमी

देखो
कोई टाँका
ग़लत न पड़ जाय
देखो – सीधे सुई की नोक पर
देखो,
देखो – देखो बचाओ अपनी उँगली
टोकती है लालटेन
सुनता है आदमी
और रोशनी के आगे
झुका देता है सिर

इसी तरह झुका हुआ
न जाने कब तक
सिलता रहेगा वह
जागती रहेगी लालटेन
कील से टँगी हुई

जब सिलते-सिलते
वह थक जायेगा

उसके नाखूनों की कोरों तक
जब लबालब भर आयेगा खून
तो एक बार आँख उठा
वह धीरे-से देखेगा लालटेन को
मानो पूछता हो – 'अब'!
अब सो जाओ
सो जाओ – कहेगी लालटेन

फिर आदमी और लालटेन
दीवार से सिर टिका
दोनों सो जायेंगे

बनता हुआ घर

मैं देख रहा हूँ
वह कब से रखे जा रहा है
ईंट पर ईंट
लोहे पर लोहा
इन्द्रधनुष पर
इन्द्रधनुष

और भई वाह,
कैसा ज़ादू है
कि ईंट धीरे-धीरे
बड़ी होती जा रही है
धीरे-धीरे ईंट से भी
छोटा होता जा रहा है
वह !

भूकम्प-जैसी एक रात

कल रात सो नहीं सका
ज्यों ही आँख लगी
बाहर
धम् धम् बजने लगी धरती
हिलने लगे किवाड़
मानो बहुत से हाथ
दरवाज़े पीटते हों
मानो 'खोलो-खोलो' चिल्लाते हों वे
फिर छत
खम्भे
बिजली के तार
सब चिल्लाने लगे ज़ोर-ज़ोर से

बाहर कुछ भी
दिखता नहीं था
साफ़ नहीं था कहीं भी
कुछ भी
सिर्फ़ देर रात तक तड़ तड़
भिड़ते रहे दरवाज़े
धम् धम् बजती रही धरती
देर रात तक

काली मिट्टी

काली मिट्टी काले घर
दिनभर बैठे-ठाले घर

काली नदिया काला धन
सूख रहे हैं सारे बन

काला सूरज काले हाथ
झुके हुए हैं सारे माथ

काली बहसें काला न्याय
ख़ाली मेज़ पी रही चाय

काले अक्षर काली रात
कौन करे अब किससे बात

काली जनता काला क्रोध
काला-काला है युगबोध

कठिन शीत में

कठिन शीत में
निकला था घूमने
देखा –
रेती पर पड़े हैं
छोटे-छोटे भूरे सफेद
कछुए के अण्डे

कोई नहीं था
वहाँ दूर-दूर तक
कोई नहीं था
सिर्फ़ अण्डे थे
और गीली-गीली-सी
रेती थी
जो अण्डों को गोद में रखकर
इस तरह से रही थी
जैसे वे
उसी के अण्डे हों

मैंने देखा
और देखता ही रह गया
उस अद्‌भुत दृश्य को

रेती पर घूमने
गया था खाली
लौटा तो अब मैं
भरा-भरा था

एक मुकुट की तरह

पृथ्वी के ललाट पर
एक मुकुट की तरह
उड़े जा रहे थे पक्षी

मैंने दूर से देखा
और मैं वहीं से चिल्लाया
बधाई हो
पृथ्वी, बधाई हो !

चिट्ठी

कल गाँव से
एक चिट्ठी आई
बहुत दिनों बाद

शायद नदी ने भेजी थी

न दिन
न तारीख
न सिरनामा
बस ऊपर कोने में
एक बूँद की तरह
टँका था
छोटा-सा प्यारा-सा
गाँव का नाम –
'चकिया'

शहर के
उस सबसे व्यस्त चौराहे पर
सबसे छिपाकर
मैं देर तक पढ़ता रहा
उस खाली-खाली चिट्ठी को
और सारी चिट्ठी में
गूँजता रहा
चीखता रहा
बस एक ही शब्द
चकिया! चकिया!

मुझे याद आई
एक और भी चिट्ठी
जो बरसों पहले
मैंने दिल्ली में छोड़ी थी
पर आज तक
पहुँची नहीं चकिया

चेहरा

यहाँ तक आते-आते
मैं बहुत कुछ भूल चुका हूँ
बहुत कुछ –
जिसे याद रखना बहुत ज़रूरी था

पर मेरे लिए यह बता पाना
बहुत मुश्किल है
कि इतने दिनों बाद भी
मुझे क्यों याद है
एक बूढ़े उदास गड़रिये का चेहरा
जिसे मैंने एक दिन नदी में
पड़ा हुआ देखा था
जहाँ उसकी भेंड़ें पानी पी रही थीं

मैंने देखा
उस चेहरे की झुर्रियों में
अब भी जगह थी
जहाँ एक चिड़िया
घोंसला बना सकती थी

फिर भेंडें रह गईं वहीं
और न जाने कैसे
दिनों को लाँघता-फलाँगता
मेरे सँग-सँग चला आया
पानी और कीचड़-समेत
वह ज़िन्दा चेहरा

जिससे इतने बरस बाद भी
मेरे अंदर
बूँदें टपक रही हैं

अब क्या करूँ
इस चेहरे का
क्या यह संभव है कि जाऊँ
और फिर से छोड़ आऊँ
उसी नदी में
क्या टाँग दूँ दीवार पर
क्या है कोई खूँटी
जो सँभाल ले
एक ज़िन्दा चेहरे को !

ठण्ड से नहीं मरते शब्द

ठण्ड से नहीं मरते शब्द
वे मर जाते हैं साहस की कमी से
कई बार मौसम की नमी से
मर जाते हैं शब्द

मुझे एक बार
एक खूब लाल
पक्षी जैसा शब्द
मिल गया था गाँव के कछार में
मैं उसे ले आया घर
पर ज्यों ही वह पहुँचा चौखट के पास
उसने मुझे एक बार
एक अजब-सी कातर दृष्टि से देखा
और तोड़ दिया दम

तब से मैं डरने लगा शब्दों से
मिलने पर अक्सर काट लेता था कन्नी
कई बार मैं मूँद लेता था आँख
जब देखता था
कोई चटक रंगोंवाला रोंयेदार शब्द
बढ़ा आ रहा है मेरी तरफ़

फिर धीरे-धीरे इस खेल में
मुझे आने लगा मज़ा
एक दिन मैंने बिल्कुल अकारण

एक खूबसूरत शब्द को दे मारा पत्थर
जब धान के पुआल में
वह साँप की तरह दुबका था

उसकी सुन्दर चमकती हुई आँखें
मुझे अब तक याद हैं

अब इतने दिनों बाद
मेरा डर कम हो गया है
अब मिलने पर शब्दों से
हो ही जाती है पूछा-पेखी

अब मैं जान गया हूँ
उनके छिपने की
बहुत-सी जगहें
उनके बहुत-से रंग
मैं जान गया हूँ
मसलन जान गया हूँ
कि सबसे सरल शब्द वे होते हैं
जो होते हैं भूरे और कत्थई
सबसे जोखिम भरे वे
जो हल्के पीले और गुलाबी होते हैं

जिन्हें हम बचाकर रखते हैं
अपने सबसे भारी
और दुखद क्षणों के लिए
अक्सर वही ठीक मौके पर
लगने लगते हैं अश्लील

अब इसका क्या करूँ
कि जो किसी काम के नहीं होते
ऐसे बदरंग
और कूड़े पर फेंके हुए शब्द

अपनी संकट की घड़ियों में
मुझे लगे हैं सबसे भरोसे के काबिल

अभी कल ही की बात है
अँधेरी सड़क पर
मुझे अचानक घेर लिया
पाँच-सात स्वस्थ और सुन्दर शब्दों ने
अपनी तो भूल गई सिट्टी –पिट्टी
पसीने से तर मैं कुछ देर खड़ा रहा
उनके सामने अवाक्
फिर मैं भागा
अभी मेरा एक पाँव हवा में उठा ही था
कि न जाने कहाँ से
एक खून से लथपथ छोटा-सा शब्द
हाँफता हुआ आया
और बोला –
'चलो, पहुँचा दूँ घर'

इन्द्रियबोध

मैं आँखों से सोचता हूँ
कानों से देख लेता हूँ मैं

मेरी जीभ
एक अद्‌भुत स्वाद के साथ
चुपचाप सुनती रहती है
हर आवाज़ को

मेरी नाक
चूँकि इन्तज़ार नहीं कर सकती
आनेवाली ख़ुशबू का
इसलिए अक्सर तमतमाकर
हो उठती है लाल

और मैं
चूँकि ज़्यादातर चुप रहता हूँ
इसलिए सिर्फ़ मेरा हाथ बोलता है
जब वह होता है
किसी दूसरे हाथ में

उम्मीद नहीं छोड़तीं कवितायें

ज़रा हवा चलती है
कहीं एक पत्ता
पट् से
गिरता है ज़मीन पर
और एक छपती हुई कविता
अपने टाइप और फर्मे से छिटककर
हो जाती है अलग
एक अच्छी कविता
तरस खाने लगती है
अपने अच्छे होने पर

एक महान कविता
ऊबने लगती है
अपनी स्फटिक गरिमा के अन्दर

और जब सारा शहर सो जाता है
तो इन सारी कविताओं में
भरा अवसाद
दुनिया पर बरसता है
सारी-सारी रात

पर मौसम
चाहे जितना खराब हो
उम्मीद नहीं छोड़तीं कवितायें
वे किसी अदृश्य खिड़की से

चुपचाप देखती रहती हैं
हर आते-जाते को
और बुदबुदाती हैं
धन्यवाद! धन्यवाद!

प्रिय पाठक

प्रिय पाठक
मिलने आया था
पता चला आप बाहर हैं
इसलिए वापस जा रहा हूँ
यक़ीन करें मिलने आया था
कविता सुनाने नहीं
पहुँचने में कष्ट तो हुआ
पर खुश हूँ कि अन्ततः पहुँच ही गया
आश्चर्य कि आपके मुहल्ले के
एक छोटे से बच्चे ने
मुझे बता दिया आपके घर का
ठीक-ठीक नम्बर
वर्ना कौन कवि होता है इतना भाग्यशाली
ज़ो अपने घर से चले
और सीधे पहुँच जाय
उस दुर्लभ-अदृश्य नगर के
उस दुर्लभ-अदृश्य द्वार पर
जो हमेशा एक पाठक का होता है

जा रहा हूँ
लेकिन फिर आऊँगा
आज नहीं तो कल
कल नहीं तो परसों
परसों नहीं तो बरसों बाद
हो सकता है अगले जनम में ही

भ्रम न हो कि मैं अगले जनम में
विश्वास करता हूँ
लेकिन प्रिय पाठक
एक कवि का काम चलता नहीं है
अगले जनम के बिना
वह यही तो करता है अधिक से अधिक
कि लोगों में
और यहाँ तक कि चीजों में भी
हमेशा बनी रहे
बार-बार जनम लेते रहने की इच्छा
जा रहा हूँ
लेकिन आपके दरवाज़े पर
चिड़िया के पर जैसा एक छोटा-सा काग़ज़
धीरे से रखकर
ताकि सनद रहे कि एक कवि आया था

कैसे कहूँ
उत्तर दीजियेगा
हमारे समय में
कोई एक पता होता नहीं कवि का
वह जितनी बार साँस लेता है
उतनी बार
बदल जाता है उसका पता
इसलिए डाकघर का संकट
बढ़ाना नहीं चाहता

प्रिय पाठक
अपराध क्षमा हो
कि आया और बिना मिले
जा रहा हूँ
सुबह का चला हूँ
हो गई शाम
जाते-जाते बस एक ही बिनती है

कि देर-सबेर
आप जब भी लौटें
तो आप तक पहुँचे
एक कवि का प्रणाम ।